MEDICINA CINESE

Sommario

CAPITOLO I 4

   INTRODUZIONE 4

CAPITOLO II 19

   INTRODUZIONE ALLA DIETETICA NELLA MEDICINA TRADIZIONALE CINESE 19

CAPITOLO III 35

   LE BASI DELLA MEDICINA TRADIZIONALE CINESE 35

CAPITOLO IV 44

   I CINQUE MOVIMENTI 44

CAPITOLO V 49

   LA RELAZIONE DEI 49

   CINQUE MOVIMENTI 49

CAPITOLO VI 52

   XUE, JINYE E JING 52

CAPITOLO VII 58

LA MALATTIA 58

CAPITOLO VIII 68

OSSERVARE ED OSSERVARSI 68

La pelle: 71

I liquidi: 74

La digestione: 76

La qualità del sonno: 81

CAPITOLO IX 83

L'APPARATO DIGERENTE 83

CAPITOLO X 90

COME ALIMENTARSI SECONDO LA
MEDICINA TRADIZIONALE CINESE 90

CAPITOLO I

INTRODUZIONE

La cucina e la dietetica cinese appartengono ad una parte della cultura, considerata per questo Paese, essenziale.

Raffinata e da molti paragonata per importanza a quella mediterranea, e in particolare a quella italiana, presenta aspetti e peculiarità che la rendono riconoscibile e inimitabile in tutto il mondo.

Risultato di una fusione delle più antiche tradizioni locali, particolari ad ogni singola regione di questo immenso paese, restituisce, nella sua interezza, un insieme di aspetti che raccolgono le abitudini della popolazione in cucina, che vanno dalle terre più aride e steppose dell'entroterra alle usanze più tipiche degli abitanti che dimorano sulle coste.

A causa anche dei continui spostamenti di

questa popolazione di viaggiatori e nomadi, fin dall'antichità i cinesi, raggiungendo ogni altro paese al mondo, hanno continuato a contaminare verso l'esterno le tradizioni culinarie dei luoghi in cui sono andati insediandosi, apportando nuovi ingredienti o modificazioni ai piatti locali, insieme anche all'introduzione di utensili e strumenti particolari.

Chi di noi non ha mai usato le bacchette per mangiare o il wok per cucinare? Così come per la salsa di soya o le famose salse agropiccanti?

La cucina orientale, e nella fattispecie quella cinese, non manca mai, e in nessuna città del mondo, e in ogni quartiere, è possibile gustare queste stupende pietanze nei loro tipici e accoglienti ristoranti.

In Cina, paese fra i più estesi al mondo che conta la popolazione più numerosa, raggiungendo e superando il miliardo e quattrocento milioni di abitanti, e che quindi costituisce un terzo della popolazione mondiale, ogni territorio, ogni regione, presenta aspetti e tradizioni che sono tutti differenti tra loro e tutti da scoprire.

Formidabile la tradizione più raffinata e gli aspetti più nobili di questo fare cucina: l'espansione dell'impero cinese ha costituito una forte spinta e un potente propellente per far sì che questa tradizione divenisse tra le più sofisticate e ricercate al mondo.

Infatti, mentre nei piccoli ristoranti del centro o di periferia, situati nelle nostre città, possiamo trovare più o meno menu che sono entrati a far parte anche della nostra abitudine quotidiana, la cucina cinese cela in realtà un ricchissimo retroterra di molto più eleganti ed elaborate tecniche, con piatti spettacolari e raffinatissimi da preparare e servire secondo regole e tradizioni complesse e raffinate.

A semplificare, potremmo dividere la cucina cinese in quattro macroaree: la Chuan, la Lu, la Yue e la Huaiyang, che rappresentano, grosso modo, le regioni di ovest, nord, sud ed est.

I cinesi sono abituati a dividere la loro cucina in otto: Anhui, Cantonese, Fujian, Hunan, JiangSu, Shandong, Sichuan, Zhejiang.

Queste sono le province da cui provengono le tradizioni più tipiche e riconoscibili, anche se, come ad esempio anche in Italia, (paese di gran lunga più piccino rispetto all'immensa Cina), ogni piccola città o provincia può presentare rilevanti differenze nella preparazione o scelta degli ingredienti.

In Cina, il cibo e la dietetica hanno un valore molto importante sia dal punto di vista sociale che culturale.

La considerazione che viene riservata all'alimentazione è molto alta e ha origine antiche. Il mangiar sano e il mangiar bene, sono le prime regole per una buona salute, e la conoscenza dei cibi e della loro cottura penetra e ha penetrato, nei secoli, tutti gli strati della società.

Il cibo è infatti considerato presso i cinesi una medicina, la prima medicina.

Così come l'intera mole di cultura che la Cina ha prodotto lungo il corso di migliaia di anni, anche alla cucina è stata dedicata un'attenzione particolare e molti sono gli studi prodotti a riguardo, soprattutto proprio nei testi di medicina tradizionale cinese.

La civiltà cinese sorge al centro di quello che noi conosciamo oggi come Repubblica Popolare Cinese, e le prime coltivazioni, di cui sono state ritrovate tracce e resti antichi, ci raccontano che le culture di miglio e saggina erano le più diffuse, soprattutto al sud.

Il grano invece ha altre origini e giunse in Cina

più tardi dalle steppe russe.

Certamente prediletta la caccia nell'antichità più remota, più tardi, nei secoli, furono introdotte le tecniche di allevamento, di animali domestici generalmente di piccolo taglia, come il maiale, molto diffuso in Cina.

Non è un caso che in cinese, "casa" si scriva con gli ideogrammi combinati di maiale e tetto :

Jia : 家 (maiale/shi : 豕 + tetto/mian : 宀)

Da questo momento nascono, si sviluppano e si affinano le tecniche di conservazione dei cibi, dalla fermentazione dei semi, all'affumicazione della carne.

Spesso, ma soltanto presso i nobili, il grasso veniva utilizzato per insaporire le vivande e renderle più gustose.

Si deve attendere il VI-IV sec. a.C. per vedere la cultura cinese fiorire e raffinarsi, stesso periodo nel quale cominceranno a sorgere le grandi filosofie e le grandi dottrine.

Con la diffusione della scrittura e lo scambio sempre più intenso dei commerci lungo la Via della Seta, i cinesi faranno della loro cucina una vera e propria arte.

Fu Confucio, il primo grande filosofo, a porre maggiore attenzione alle abitudini culinarie e a discutere sulla dietetica, anche se è possibile trovare testimonianze più antiche che narrano, attraverso quei pochi testi giunti fino a noi, nozioni importanti sull'uso e la cottura dei cibi, e soprattutto delle erbe selvatiche, intese come veri e propri farmaci per la salute.

Quello della dinastia Han resta comunque il periodo di riferimento più intenso, e il testo più celebre è quello conosciuto con il nome dell'Imperatore Giallo, in cui il sovrano, in dialogo con il grande consigliere di corte ed in uno scambio intellettuale di domande e risposte, svela al lettore i segreti della lunga vita.

Presso i cinesi, il concetto di "energia", quello che noi occidentali più volgarmente conosciamo come "calorie", se parliamo di cibo, è essenziale per descrivere qualsiasi processo e fenomeno presente in natura.

Anche qui, si nota che "energia", in cinese, si scrive con gli ideogrammi combinati di una pentola di riso (in basso) da cui si alza del vapore (in alto), proprio a simboleggiare il calore che sprigiona il materiale, calore che sempre si alza verso l'alto:

Qi: 氣 (riso/ mi: 米 + vapore/qì : 气)

Concetto più complesso ma fondamentale per capire la filosofia taoista, che tutto permea nella cultura cinese e che, quindi, descrive bene anche l'importanza della dietetica presso i cinesi, è quello di Yin e Yang.

I cibi infatti, presso i cinesi, sono sostanzialmente suddivisi in queste due macrocategorie di Yin e Yang.

Esistono cibi più Yin, quindi freddi, umidi, che contengono un'energia più potenziale e lenta, e cibi più Yang, ovvero caldi, asciutti, che sprigionano energia più rapida, immediatamente.

Molte sono poi le sfumature per poterli riconoscere e catalogarli, ma lo vedremo più avanti.

Un'ulteriore suddivisione, tipica anche della tradizione indiana, è l'indicazione dei cibi secondo il loro "sapore", un sapore che si potrebbe definire "sapore energetico", da non confondere con la stessa accezione con la quale noi indichiamo, qui in occidente, il gusto dei cibi.

I "sapori" sono cinque: amaro, dolce, salato, piccante e acido.

Il numero cinque è molto ricorrente nella cultura cinese, così come cinque, per i cinesi, sono i punti cardinali, e cinque sono gli elementi che in cinese vengono definiti "movimenti".

Anche di questo ne parleremo in seguito.

Sono state certamente le insidie dei tempi e le guerre, oltre che alle scarse condizioni igieniche e l'assenza di tecnologia avanzata, alla quale ormai oggi siamo abituati, che spinse gli esseri umani ad adoperare il loro ingegno per mettere a punto idee adatte per preservare e conservare i cibi o anche semplicemente cuocerli.

Anche le contaminazioni culturali, avvenute tra territori diversi, hanno introdotto usanze che poi eventualmente, nel tempo, sono state abbandonate, come ad esempio l'uso di latticini e derivati, che infatti nella cucina cinese sono oggi totalmente assenti.

Gli alimenti, che sopravvivono nella tradizione fino ai giorni nostri, sono certamente il riso ed il congee, una specie di zuppa fatta di riso spezzato e molto ricca di amido, e che ha l'aspetto di una pappa dolce.

Anche la carne essiccata o il pesce conservato sono molto comuni, e non c'è animale che in Cina non venga consumato.

Resta certamente il maiale, la carne più diffusa e più amata dai cinesi.

Grazie poi ai grandi commerci internazionali, molte sono state le spezie introdotte nella tradizione culinaria.

Gli scambi con portoghesi, soprattutto che esportavano dal sud America patate, peperoncini, pomodori, mais, hanno reso questi ingredienti di uso comune nella Cina più moderna.

Anche le tecniche di cottura sono molteplici e certamente, ieri come oggi, il fasto a tavola resta la prerogativa per le occasioni più ricche e cerimoniose. Il fritto, invece, è molto più facile trovarlo nel cibo più povero e di strada.

Come più sopra indicato, i cinesi sono solite dividere la loro cucina per indicazione regionale.

Le più famose, che tutti già conoscerete, sono quella Cantonese, la cucina dello Shandong, quella del Jiangsu o, ad esempio, la cucina del Sichuan.

Le differenze principali di questi diversi stili di cucina riguardano modalità di cottura ed ingredienti, i quali certo riflettono la disponibilità di materie prime tipiche di quella o l'altra regione.

Ad esempio, se parliamo di una regione in prossimità del mare più frequenti saranno certamente i piatti di pesce, viceversa, per le regioni situate nell'entroterra più comuni saranno i piatti di carne.

Anche il clima è un altro elemento che genera e che ha generato, nel corso del tempo, adozioni di stili differenti in cucina, prediligendo una spezia anziché un'altra, una che favorisca la freschezza e l'altra, in caso, che combatta i raffreddori.

La cucina dello Jiangsu è riconoscibile dalle particolari tecniche di cottura, dove cucinare a vapore e brasare le carni è molto comune.

Nello Zhejiang, invece, il cibo fresco e quasi crudo è un'abitudine più quotidiana e ricorda molto la cucina giapponese.

Nel Fujian troviamo zuppe molto saporite, spesso a base di pesce, mentre nello Hunan l'agropiccante è ovunque.

La cucina Anhui resta quella più particolare: utilizza carni di selvaggina, e anche i sapori sono assai speciali e meno scontati delle altre.

Gli ingredienti che vengono utilizzati sono tutti naturali, e comprendono una varietà incredibile di radici, foglie, animali, semi, dipende in che regione ci si trovi.

Non c'è niente che non venga utilizzato nella cucina cinese, persino gli scarti. L'usanza è quella di consumare tutto cercando di non buttare via mai niente.

Anche le tecniche di conservazione del cibo, molto importanti soprattutto nelle aree più rurali in cui non sempre la modernità, come i frigoriferi, è arrivata, sono molto diverse fra loro.

Essiccatura, salatura, fermentazione e salamoia o sottaceto, eventualmente con l'aggiunta di zucchero durante la preparazione, sono frequenti.

Il riso, quasi un simbolo dell'alimentazione cinese, in realtà non viene consumato allo stesso modo in tutta l'area del paese come si tende a pensare, ma ci sono delle regioni che preferiscono lavorarlo in spaghetti, come, ad esempio, al nord, dove persino gli spaghetti di grano come i nostri sono molto comuni rispetto al sud.

CAPITOLO II

INTRODUZIONE ALLA DIETETICA NELLA MEDICINA TRADIZIONALE CINESE

In medicina tradizionale cinese il corpo e la mente sono considerati un'unica cosa.

Non c'è nulla che il corpo non faccia, che non influenzi anche la mente, e viceversa.

L'antica tradizione della medicina tradizionale cinese insegna al malato, (e secondo la tradizione non esiste la malattia ma il malato), come curarsi, ma soprattutto come prevenire la malattia.

Se consideriamo le malattie più comuni, come quelle che riguardano la digestione o il metabolismo, obesità, gastrite, diabete, disturbi intestinali, per dirla secondo i canoni occidentali (poiché in medicina cinese i disturbi seguono altri paradigmi e vengono chiamati diversamente, come vedremo più avanti), o anche tutte le infiammazioni in genere, che possono andare dal semplice mal di schiena alle comuni tendiniti, per non parlare di malattie da freddo come la nota influenza, conoscere il cibo, come cucinarlo e che uso farne è di primaria importanza.

Esiste perciò un'alimentazione adatta per ogni stagione, per la propria età, per la propria attività e che viene tutti i giorni svolta.

L'alimentazione del neonato non sarà quella dell'anziano, non sarà quella della donna in gravidanza, non sarà quella del patologico o della donna rispetto all'uomo.

Una volta che si ha chiaro il quadro energetico con cui si interagisce, va curata la propria alimentazione in base al caso specifico e l'individuo si troverà già un passo avanti nella cura di sé stesso, con una buona base di conoscenza su cui poggiare per praticare la cura e la prevenzione ogni giorno.

Per prima cosa, il medico che si approccerà al paziente dovrà tener conto della sua costituzione e delle sue abitudini.

Non esistono diete che vanno bene per chiunque, come spesso siamo indotti a pensare nelle nostre abitudini più occidentali.

Una volta stilata l'anamnesi del paziente, si procederà con l'indicare quali siano i suoi disturbi più frequenti e, una volta raccolti tutti i dati necessari, sarà facile andare ad individuare quali cibi prediligere sopra altri e come e quando utilizzarli.

Il cibo, in sostanza, è la prima medicina, la più nobile.

È dalle sostanze, che il corpo estrae dal cibo ingerito, che produciamo le essenze necessarie che concorrono alla formazione di organi e tessuti, le ossa, il sangue.

La prevenzione è considerata una pratica di saggezza, l'essere, che sia già malato, per il ricovero dovrà ricorrere a più farmaci e a terapie più intense che vanno, però, ad indebolire l'organismo.

In questo modo, invece, praticando la prevenzione e curando la dieta, non solo si ricacciano lontano i rischi di contrarre malattie, ma si rafforzano il corpo e la mente.

La dietetica cinese è particolare a sé stessa, non esistono eguali al mondo e resta in assoluto la più antica base di prevenzione ad essere mai stata concepita dall'uomo, con tradizioni millenarie!

Come abbiamo più volte ripetuto nell'introduzione, non c'è nulla che in dietetica cinese sia proibito: ogni cibo può essere la cura, e questo modo di pensare e di agire, ricorda molto l'insegnamento buddista, che dice: "tutto può far bene, tutto può far male", dipende da chi, come e quando lo si utilizza.

La conoscenza, dunque, degli ingredienti è

fondamentale e le tecniche di cottura anche andranno imparate ed affinate per poter arrivare ad essere padroni della lavorazione e trasformazione della materia prima in cucina.

Ogni cottura o conservazione del cibo, anche nel caso in cui la materia prima sia la stessa (es. Pesce al vapore o pesce essiccato), provoca reazioni chimiche nel nostro corpo che sono differenti.

Lavorare e "giocare" con l'energia dei cibi e del proprio corpo non solo è affascinante, ma estremamente utile, e risulterà a lungo tempo essenzialmente benefico.

Forse esiste una sola eccezione, ovvero che nella cucina cinese sono del tutto assenti latticini e derivati.

È un dato rilevante e una curiosità, sia dal punto di vista della salute, infatti in Cina è raro trovare obesi, sia dal punto di vista antropologico, poiché è stato verificato che la popolazione di origine cinese sia oggi essenzialmente intollerante ai latticini, non avendo, nel corso dei secoli, sviluppato nessun enzima necessario alla loro digestione.

A differenza della nostra cucina occidentale, (per semplificare, poiché anche tra le varie cucine in occidente molte sono le differenze sostanziali), la cucina cinese si basa molto sulla qualità dei cibi, prima ancora che nella loro quantità.

Abbiamo accennato più sopra alla suddivisione dei cibi nella cultura cinese, e quindi nella medicina tradizionale cinese.

La prima differenza vede i cibi dividersi nelle prime due macrocategorie, Yin/Yang.

La seconda più particolare suddivisione vede i cibi classificati nella loro indicazione energetica potenziale: ci sono cibi di natura "fredda", "fresca", "neutra", "tiepida" e calda".

L'ultima classificazione è in base al loro sapore

"d'origine": amaro, dolce, salato, acido e piccante.

Perché "sapore d'origine"?

Perché per dolce, ad esempio, non si intende un cibo al quale sia stato eventualmente aggiunto dello zucchero, e per salato non si intende un cibo al quale sia stato ad esempio aggiunto del sale.

Dolci, per intendersi, sono la patata, la carota, il miglio, e salata è la carne di maiale, i fagioli, e così via.

Ci si riferisce, cioè, al sapore sottile dei cibi, al sapore di questi prima ancora che vengano conditi o prima ancora che affrontino qualsiasi tipo di cottura o conservazione.

Nel caso di un cibo con aggiunta di sale o zucchero, la medicina cinese considera quel cibo "drogato", ovvero, in eccesso di yin o yang, eccessivamente dolce o eccessivamente salato, e che quindi risulterà essere un cibo forte, dalla grande carica energetica, e che però può portare facilmente ad uno squilibrio energetico.

L'obiettivo, infatti, è proprio quello di trovare l'equilibrio nel cibo e tra i cibi, al fine di adottare un'alimentazione che non sia mai eccessiva, mai pesante, mai compromettente dal punto di vista energetico, ma equilibrato e in armonia.

Le regole base di classificazione, che vi abbiamo appena illustrato, sono le regole auree di ogni classificazione che la medicina tradizionale cinese presenta nei confronti di ogni elemento in natura, anche delle piante che vengono utilizzate a scopo fitoterapico, come le erbe officinali o alcuni tipi di radice che vengono utlizzate a scopo medico, oppure anche del mondo dei funghi, largamente usati in Cina a scopo terapeutico.

Lo zenzero (o ginger), che in molti conosciamo, è considerata, ad esempio, una radice di natura fresca rispetto alla natura più calda del peperoncino di sapore dolce/piccante e che, aiutando la digestione, viene spesso utilizzato per azionare lo yang di stomaco e milza, ma soprattutto per tonificare il polmone, essendo anche di colore bianco.

Anche la suddivisione per colori è molto importante.

I colori sono cinque: nero, verde, rosso, giallo, bianco, come lo sono i sapori e come la classificazione della loro natura termica.

Li affronteremo comunque più avanti in modo più dettagliato.

Non sono dunque contemplate nella medicina cinese tradizionale "le diete" che solitamente si affacciano nelle nostre abitudini occidentali più ricorrenti, come quelle dimagranti o quelle dette "zona".

Tutto deve essere contemplato, e tutto si deve poter mangiare, poiché sinonimo di mal funzionamento e di malattia sarà anche una certa intolleranza ad un cibo o ad un altro, che indica in realtà uno squilibrio e, quindi, l'obiettivo sarà quello di ripristinare quell'equilibrio che riporti l'individuo al centro, cioè ad essere tollerante nei confronti di qualsiasi tipologia di alimento, non la sua abolizione.

Nel caso poi si voglia dimagrire, poiché si è divenuti particolarmente in sovrappeso, la medicina tradizionale cinese non contempla la quantità di calorie presenti nei cibi, come noi siamo abituati ed indotti a fare dalla nostra scienza ufficiale occidentale.

Si andranno invece a consumare quei cibi che pian piano aiutino a ripristinare un corretto metabolismo, e al contempo che aiutino ad alleggerirci o farci perdere i liquidi in eccesso.

La cucina al vapore è di gran lunga consigliata e preferita per dimagrire rispetto alle insalate o alle mozzarelle, che secondo la medicina tradizionale cinese hanno persino effetto contrario.

Cioè, in caso di "stasi di yin" (ovvero un metabolismo pigro e l'eccesso di accumulo di liquidi), non potrà certo risolvere il problema un cibo estremamente yin, come quello crudo o come un latticino (cibi molto yin e molto freddi per eccellenza), ma si necessiterà di consumare cibi che mantengano la loro carica vitaminica, (il vapore non è come bollire il cibo, ma cuoce delicatamente e conserva le proprietà dell'alimento che restano intatte), attraverso una cottura a vapore, che possa anche generare a sua volta e sprigionare quell'energia necessaria al ripristino del metabolismo, e che "congeli" l'energia ulteriormente.

Molte sono le indicazioni, i cibi sono tantissimi, e differenti e complesse le loro qualità, così come le malattie, almeno da comprendere adesso che siamo solo all'inizio.

Per fare altri esempi, nel caso di un fegato

affaticato, il consumo di verdure verdi a foglia larga è sempre molto indicato.

Queste sono oltretutto speciali (essendo di natura fresca e ricche di sali minerali) per il rafforzamento delle ossa.

Infatti il buon funzionamento del fegato determina anche un buon funzionamento dei reni, che secondo la medicina cinese "reggono le ossa", sono cioè corresponsabili della corretta idratazione corporea e allontanano infine, quando ben funzionanti, il rischio di osteoporosi.

Chi soffre di allergie spesso vedrà privarsi, almeno fino a completa guarigione, di cibi considerati caldi, come i crostacei, ma anche cibi troppo freddi che però risultano acidi, come il burro e lo zucchero e i dolci più in generale.

Tutto dipende non solo dalla costituzione, ma anche dalle abitudini di tutti i giorni dell'individuo, se questo pratica attività fisica, il tipo di lavoro che svolge, ma anche il suo carattere, che certamente concorre a determinare una certa natura particolare della persona, natura che si riversa anche sul funzionamento della digestione dei cibi.

Poiché il corpo e la mente sono considerati un'unica cosa, anche il cibo è sia materiale che spirituale, tale va trattato.

Se l'individuo ha un carattere dal forte temperamento e magari spesso irascibile, certamente dovrà tenere conto anche di questo e prediligire cibi che lo aiutino a ritrovare un equilibrio, non solo fisico ma anche psichico.

Vale il nostro motto latino: mens sana in corpore sano.

Nel caso di malattia, si procederà poi a considerare l'origine della malattia più che il sintomo di per sé.

Un mal di testa o una diarrea, nella medicina tradizionale cinese, non vengono diagnosticate nello stesso modo che nel metodo occidentale.

Molte sono le tipologie di mal di testa, e differenti possono essere le cause di una diarrea.

Ovvero, il mal di testa può essere causato da un eccesso di yang, ovvero calore che sale troppo in alto e si stacca dallo yin che sta in basso, determinando così un blocco e l'interruzione del flusso energetico yin/yang del

Qi e, quindi, la comparsa del sintomo, in questo caso un mal di testa.

Ma il mal di testa può anche essere di origine yin, ovvero essere provocato da freddo eccessivo.

Il medico sarà capace di determinare l'origine del sintomo e trovare la giusta cura alimentare che possa aiutare il paziente a ricoverare dal suo dolore.

Stessa cosa per una diarrea. Ci sono diarree

da freddo o da caldo.

Da freddo, ad esempio, quando il meridiano di milza si dice "vada in vuoto", cioè che le manchi lo yang necessario a trattenere i liquidi che in eccesso vengono eliminati dal corpo attraverso l'intestino, e dia origine alla comparsa di un sintomo diarroico.

Ma la diarrea può anche essere provocata da eccesso di calore, ovvero eccesso di yang, dove un intestino possa risultare infiammato, e quindi dia origine alla patologia.

Certamente, per la medicina tradizionale cinese, il consumo di cibi equilibrati, ovvero mai troppo yin, mai troppo yang, non eccessivamente freddi o eccessivamente caldi, sono la buona abitudine da adottare ogni giorno.

La presenza, infatti, di bevande calde, come il tea (senza zucchero!), o il frequente consumo di zuppe e brodi, o il cibo cotto al vapore, risultano sempre, a tutte le età e in ogni circostanza, un toccasana per chiunque.

CAPITOLO III

LE BASI DELLA MEDICINA TRADIZIONALE CINESE

"Prima che Cielo e Terra prendessero forma, tutto era senza forma, non definito, vuoto e confuso; fu chiamato quindi "il Supremo Inizio". La via si manifestò nel delicato e nel trasparente; il delicato e trasparente generarono lo Spazio e il Tempo; lo Spazio e Tempo generarono il Qi. Nel Qi, si manifestò la via; ciò che era trasparente e inafferrabile si dissolse e nacque il Cielo; ciò che era pesante e torbido si addensò e diventò Terra. La concentrazione di ciò che è chiaro e sottile è facile, mentre l'aggregazione di ciò che è pesante e torbido è difficile, e per questa ragione il Cielo fu completato prima della Terra".

È così che viene tradotto dal cinese il compendio forse più antico e famoso della storia, tratto dal libro "Il libro del maestro Huainan", dove si descrive l'ordine cosmico e celeste.

La cultura cinese è frutto di migliaia di anni di osservazione dei fenomeni celesti, cosmici, naturali, portata avanti da grandi maestri e il cui pensiero è giunto fino ai giorni nostri, e che ancora viene seguito con grande fascinazione ed interesse.

Quello che leggiamo in questo breve estratto, se pur non di intuitiva comprensione, racchiude, nella sua semplicità di esposizione, la descrizione di tutte le leggi fenomeniche e della nascita dell'universo.

La nascita dell'universo, qui riportata, pone all'attenzione dapprima un amalgama indifferenziato, poi la comparsa dei due opposti, lo Spazio ed il Tempo. Questi due opposti, generano a loro volta il Qi, ovvero l'Energia. Il movimento energetico che ne deriva genera la qualità delle forme, tra pesante e leggero, facile e difficile, semplice e complesso: ovvero lo Yin e lo Yang.

Potremmo paragonare lo Yin e lo Yang come i due poli opposti che caratterizzano ogni fenomeno osservabile e presente in qualsiasi manifestazione della natura e dell'universo.

Il loro essere opposti non li rende divisi, ma, al contrario, essi fanno parte di un'unicità, il tutto da cui tutto deriva. Lo Yin e lo Yang si inseguono l'un l'altro e li possiamo trovare in ogni elemento presente, sempre insieme, una quantità dell'uno e dell'altro che coesistono contemporaneamente, in una realtà dove non esiste solo uno o solo l'altro.

Lo Yin ha le sue qualità, lo Yang ha le sue qualità. Sono distinguibili e si muovono in piena autonomia, ma sempre sono presenti insieme, in qualsiasi cosa.

Proprio questa loro diversità rende possibile il movimento dell'universo, e quindi il susseguirsi delle continue trasformazioni che caratterizzano l'esistenza intera.

Insieme, Yin e Yang, sono il Dao, o Tao.

Proprio il loro simbolo, quello del Tao, molto noto, presenta un cerchio, diviso in parti uguali, una bianca e una nera, dove nella parte nera c'è un punto bianco e viceversa, nella parte bianca troviamo un punto nero. Anche la linea di divisione non è netta, ma è una linea che curva, facendo una esse che simboleggia l'eterno movimento delle due polarità e la loro eterna compresenza.

Lo Yang sale, lo Yin scende. Lo Yang è caldo, lo Yin è freddo. Lo Yang è luminoso, lo Yin è buio.

Questo loro continuo movimento e questa loro perenne compresenza, giorno e notte, caldo e freddo, pieno e vuoto, determinano l'intera realtà in cui siamo immersi e la dinamica che ne consegue, cioè tutti i fenomeni possibili, osservabili e descrivibili.

Così come troviamo Yin e Yang nei fenomeni celesti, così come li troviamo nella natura di tutte le cose, anche il corpo umano li presenta, ed esso può essere suddiviso tra parti Yin e parti Yang.

Le parti Yang saranno quelle dell'alto: gli arti superiori, la testa, il torace. Le parti Yin, quelle del basso: le pelvi, gli arti inferiori.

Le parti Yang sono anche quelle esterne, come la pelle, i capelli, e tutto ciò che è osservabile in superficie, mentre le parti Yin saranno considerate le parti interne, come gli organi, le viscere e le ossa.

Esiste un alto ed un basso, un interno ed un esterno, un davanti e un dietro, un visibile ed un invisibile.

A loro volta, anche le parti del corpo, considerate nella loro totalità di qualità Yin, si dividono tra loro tra organi (Zang) Yin e viscere

(Fu) Yang.

Cioè gli organi vuoti e quelli pieni.

Vuoto è lo stomaco e lo è la vescica, per la loro natura di sacca, atti alla trasformazione, quindi sono considerati yang, mentre yin saranno gli organi pieni, come il cuore o il fegato, destinati alla conservazione.

Lo Stomaco sarà yang rispetto alla milza Yin, la vescica sarà Yang rispetto alle reni Yin.

Yin e Yang si possono quindi determinare sempre, e qualora noi poniamo due elementi a confronto ed uno sarà più yang rispetto ad uno meno yang, viceversa, uno più Yin rispetto ad un altro meno Yin. Dove il meno Yang sarà Yin rispetto all'elemento più Yang molto yang, e così via.

Capita, a volte, che la natura di un elemento sia troppo Yin e possa sovrastare lo Yang, così come accade l'opposto. In questo caso di sovrapposizione, si determinerà uno squilibrio energetico.

L'equilibrio sta nella routinaria opposizione e susseguirsi continuo dei due aspetti, senza che uno prevalga sull'altro, senza che uno divori l'altro.

Se il fuoco brucia tutto, non resta acqua.

Lo Yang ha mangiato lo Yin.

Se l'acqua spegne tutto il fuoco, lo Yin ha mangiato lo Yang.

Questo non è buono, non è sano.

Serve una compresenza e un equilibrio tra acqua e fuoco, affinché l'energia non smetta mai di scorrere.

L'importante è che il Qi si muova.

Ad esempio, prendiamo il sangue che scorre nel corpo. Esso è elemento yin, ma non può vivere senza lo yang che lo aiuta a circolare nei vasi. È quindi necessaria l'armonia fra la presenza di sangue nei vasi e il movimento costante di questo all'interno dei vasi, il movimento dell'energia yang e l'elemento materiale yin.

Dove troviamo YIN:

Acqua, buio, terra, quiete, conservazione, dentro, concentrazione, raffreddamento, sostegno, nutrimento, conservazione, spazio, umidità, morbidezza, lentezza, freddo, ricettività, densità, materiale, discesa, calma, forma, addome, interno, basso, sotto, organi e visceri, sangue, essenza, energia che nutre, canali yin, canali principali (quindi non periferici, ma centrali), cronicità, insorgenza lenta della malattia e persistenza.

Dove troviamo YANG:

Fuoco, luce, cielo, movimento, distribuzione, esterno, diffusione, riscaldamento, trasformazione, movimento, circolazione, tempo, secco, duro, velocità, calore, attività, sottile, immateriale, salita, energia, dorso del corpo, alto, sopra, canali (invece che gli organi, per canali si intendono i meridiani che sono infatti yang rispetto agli organi-visceri di natura yin), visceri e cavi (che sono yang rispetto agli organi pieni yin), canali collaterali (ovvero non centrali ma periferici), dolori acuti, insorgenza rapida della malattia, cambiamento o ricovero rapido della malattia.

CAPITOLO IV
I CINQUE MOVIMENTI

Abbiamo così imparato che Yin e Yang sono i due aspetti polari di tutti I fenomeni che ci circondando. Il giorno e la notte, la luce e il buio, il caldo ed il freddo, il fuoco e l'acqua, il pieno e il vuoto, il solido e il fluido, l'inverno e l'estate.

Sappiamo che tra l'inverno e l'estate esiste la primavera, e che fra l'estate e l'inverno esiste l'autunno. Ci sono, cioè, aspetti di transizione che caratterizzano ogni processo di trasformazione dell'Energia, ovvero fasi anche intermedie che determinano il più o meno yin o il più o meno yang.

Sono le relazioni che determinano l'incessante flusso energetico che tutto domina.

Per questo, in medicina cinese esistono i wuxing, ovvero i cinque elementi, che noi però andremmo a chiamare i cinque movimenti.

Queste relazioni sono strettamente interconnesse fra loro e determinano tutte quelle sfumature di passaggio da uno stato all'altro dell'esistenza. L'acqua fredda, prima di essere portata ad ebollizione, si surriscalda, fino a quando le sue molecole cominceranno a slegarsi e a fare le bolle. Più si lascia l'acqua bollire, più questa andrà esaurendosi, trasformandosi in vapore.

Partiamo dal concetto anche che, come abbiamo visto più sopra, il numero 5 è molto ricorrente nella medicina cinese: cinque sono I colori, cinque sono i sapori, cinque sono le qualità termiche dei cibi.

Anche i punti cardinali sono cinque, ovvero il nord, che è espressione del Massimo Yin, il sud, espressione del Massimo Yang, l'ovest, che è yin in divenire mentre transita verso lo yang, e l'est, che è yang in divenire mentre transita verso lo yin, e poi esiste il quinto punto cardinale, ovvero il centro, che rappresenta l'equilibrio perfetto, il giallo, il mite, il tiepido, la terra.

Tutti questi aspetti sono strettamente connessi fra di loro e costituiscono, tutti insieme, l'aspetto ciclico che qualsiasi cosa pervade.

La terra, che sta al centro come l'uomo è considerato al centro dell'universo, è colei dalla quale tutto scaturisce, ovvero l'elemento in grado di procreare, in cui il seme può germinare, da cui si innalza la vita.

I cinque movimenti sono: legno, fuoco, terra, metallo, acqua, e ognuno di questi movimenti ha la sua corrispondenza in un sapore, un colore, un punto cardinale una qualità yin o yang, e anche di yin in divenire o di yang in divenire.

Esiste anche un processo di generazione dei movimenti, ovvero il legno genera il fuoco, che genera la terra, che genera il metallo, che genera l'acqua.

A questi movimenti e al loro ciclo generazionale corrispondono, nel corpo umano, i meridiani, e quindi gli organi e i visceri.

Al legno è associato il fegato e il suo meridiano, così come la cistifellea è legno.

Al fuoco il cuore e l'intestino tenue.

Alla terra lo stomaco, la milza e il pancreas.

Al metallo il polmone.

All'acqua reni e vescica.

Tutti questi aspetti, legno, fuoco, terra, metallo e acqua, sono anche associati ad ogni caratteristica ed aspetto del corpo dell'uomo e della sua fisiologia.

Il colorito della pelle, il colore dei suoi occhi o dei capelli, ma anche le sue emozioni, il tono di voce, il carattere, la massa muscolare, la tipologia di ossatura, tutti questi dettagli che un bravo medico cinese subito nota.

CAPITOLO V

LA RELAZIONE DEI CINQUE MOVIMENTI

Abbiamo accennato prima alla relazione che caratterizza il ciclo dei cinque movimenti.

Tra loro, infatti, esiste un rapporto di generazione (legno che genera fuoco, che genera terra, che genera metallo, che genera acqua, che genera legno) e di controllo, ovvero che sarà il legno a trattenere acqua, che viene trattenuta dai metalli, che vengono trattenuti dalla terra, che viene trattenuta dal fuoco, che trattiene il legno.

Così come è possibile che possa essere il legno che influenzi la terra, la quale a sua volta condizioni l'acqua, che spenga il fuoco, che scaldi il metallo e così via, in un ciclo dove l'alternanza avanza di due, in quello che viene definito rapporto "nonno-nipote".

È altresì probabile che tutto ciò che abbiamo appena descritto avvenga al contrario, ovvero, guardando al ciclo in senso antiorario, avvenga una controproduzione, una contro-controllo.

Se avviene che questo ciclo sia interrotto o non proceda secondo la sua legge naturale, ci troviamo certamente davanti alla manifestazione di una patologia.

Il sistema diviene perciò disfunzionale, e ogni movimento apparirà predominante sull'altro, sopraffandolo.

Per le leggi naturali e per lo Yin e Yang che tutto governa, possiamo subito intuire che se un movimento diventa eccessivo, aggredendone un altro, questo altro tenterà di difendersi ribellandosi e generando, infine, il caos.

Lo stesso avviene se uno di questi movimenti si trova in deficit. Quindi, sia eccesso che deficit provocano una disfunzionalità.

Nel caso, ad esempio, di mancanza di acqua, questa potrà chiedere più forza al legno, che a sua volta potrebbe scaricare sul fuoco, provocando un "invasione di campo".

È il caso in cui, per addentrarci meglio nella "fisiologia dei movimenti", ovvero il processo eziopatogenico, il rene, (che appartiene al movimento dell'acqua, quindi allo stadio dello Yin al Massimo), nel caso non risulti funzionare bene, scarichi il suo eccesso sul fegato (che appartiene al movimento del legno, ovvero dello Yang in transizione verso lo yin), il quale, affaticato, generi peso sul cuore (che appartiene al movimento del fuoco, lo yang al massimo).

CAPITOLO VI
XUE, JINYE E JING

Ci addentriamo adesso nel capitolo che descrive ciò che per la medicina occidentale, sono considerati I fluidi del corpo, i quali, in medicina cinese, sono così ripartiti: xue, jinye e jing.

Per xue si intende il sangue, per jinye l'insieme dei fluidi del corpo, e per jing l'essenza, come lo sperma o il midollo.

I tre concetti di sangue, fluido corporeo e sperma, non potranno certo essere compresi alla luce della concezione scientifica occidentale moderna, ma strettamente secondo i canoni di medicina tradizionale cinese.

Lo xue-sangue rappresenta una forma di energia, un aspetto prettamente yin, che ha una forma, viscosa, inscindibile dal suo aspetto energetico.

Sempre il Qi, ovvero l'energia, è quella forza che permette al sangue di scorrere e che senza non esisterebbe.

Il sangue-xue è la linfa vitale che scorre nei vasi, raggiungendo ogni periferia del corpo, nutrendola e dandole vita.

Nel sangue sono anche custodite le emozioni, lo spirito, che in cinese si dice "shen".

Il sangue prende la sua forma nel nostro cuore, ed è il risultato della metabolizzazione e trasformazione dei cibi che avviene nello stomaco, e grazie alla milza, dopodiché, sale nei polmoni dove incontra l'energia primordiale del respiro e diviene Xue.

È il fegato a conservare il sangue, così come sappiamo anche che ne controlla il volume nei vasi, e si purifica, rigenerandosi, durante la notte, con l'aiuto della milza che "lo trattiene" (aspetto quello del "trattenimento" di milza che sviscereremo più avanti).

Lo Jinye, come il sangue, costituiscono un aspetto yin del Qi-energia.

Come il sangue, vivificano il corpo, scorrono dappertutto e mantengono umidi i tessuti, oltre a controllare la temperature del corpo stesso. Sono anche responsabili della purificazione, e quindi dell'eliminazione delle scorie in eccesso presenti dentro al corpo, come quelle introdotte attraverso l'aria o gli alimenti, grazie alla loro capacità di trasformarsi in liquidi tossici, come il sudore e le urine.

È necessario, a loro riguardo, introdurvi ad un meridiano di cui non avevamo fino ad ora fatto menzione, ovvero il triplice riscaldatore, meridiano deputato al metabolismo e ripartito in superiore, mediano ed inferiore.

Infatti, lo jinye e la sua distribuzione è proprio regolato dal triplice riscaldatore, cioè dal metabolismo del corpo.

La parte mediana del triplice riscaldatore lavora con milza e stomaco ed è deputata a separare la parte sporca da quella pulita dei liquidi, provvedendo a dare ai polmoni la parte purificata e a consegnare all'intestino tenue, quella torbida.

In quella superiore, dove troviamo il polmone che ha appena ricevuto dalla milza la parte limpida, la invia al cuore, per tenere umido e nutrito il corpo e il rene.

Nel triplice riscaldatore inferiore, il rene, che qui si trova, rinvia la sua parte "vaporizzata", al polmone e il suo ulteriore scarto alla vescica, la quale, da ultima, tiene per sé il fluido buono con cui contribuisce a mantenere umida la pelle e I muscoli e scarterà, fuori dal corpo, la parte torbida.

Il Jing, infine, detto anche essenza sublime, trova il suo tesoriere nel rene. È un elemento ereditario, fa parte, cioè, del patrimonio genetico con cui ognuno di noi viene al mondo e si esaurisce a mano a mano che il corpo perde di energia e di tonicità, invecchiando fino alla morte. Per questo è responsabile di tutto il ciclo vitale dell'uomo, dal suo concepimento alla sua crescita nell'infanzia, la maturazione nell'età adulta, la gravidanza, la vecchiaia.

Il Jing è il produttore dei midolli, e quindi indispensabile alla formazione del cervello e del midollo spinale. E come il sangue è la dimora delle emozioni, così nel jing risiede la nostra coscienza.

Vediamo anche meglio cosa significa Shen.

Ebbene, lo shen, che abbiamo fin qui definito "emozioni", è in realtà qualcosa di più complesso, è cioè quella parte più sottile che riguarda l'aspetto più misterioso del Qi, dell'energia che tutto governa.

Nel corpo umano, lo shen ha bisogno del jing per mettere radici e, se ci pensiamo bene, il cervello, con il suo midollo spinale che corre lungo la colonna vertebrale, ha quasi la forma di un'ampolla con il germe, una specie di piccola radice che mantiene salda la parte superiore a quella inferiore del corpo, e gli permette di muoversi nel mondo, sensorialmente e con coscienza.

Shen è anche memoria, capacità cognitive, intelletto, razionalità.

Ogni organo del corpo, a sua volta, ha il suo shen, ovvero esiste lo shen di cuore, quello di stomaco, di fegato, e così via.

Questo perché lo shen si muove nel sangue, come abbiamo visto, e circolando viene trasportato a tutte le aree periferiche e non del corpo, dando loro la vita più sottile dell'esistenza.

CAPITOLO VII
LA MALATTIA

Così come abbiamo imparato sull'armonia del processo ciclico dei fenomeni e abbiamo osservato come si relazionino fra loro i movimenti, sarà dunque facile comprendere adesso cosa significhi andare in cerca dell'armonia e del rispetto di ciò che ci circonda, rispetto anche al nostro corpo.

Agire secondo natura, è ciò che il saggio cinese va facendo per raggiungere uno stato di piena forza mentale e fisica.

Il segreto è l'adattamento alle stagioni, alle emozioni, e la conoscenza dei lati, apparentemente più imperscrutabili dei mutamenti energetici, e tutto ciò che ci aiuta a relazionarsi ad essi.

Raggiunta una certa conoscenza, non solo siamo in grado di guarire da ciò che può affliggerci o farci ammalare, ma di prevenire la malattia, poiché si conosce causa ed effetto dei fenomeni e si può anticiparli o gestirli.

Le cause della malattia possono essere di tipo esterno, interno, oppure dovute alla natura delle cose, come la costituzione di una persona o le sue abitudini.

Le cause esterne, per i cinesi, sono sei e considerate essere: il caldo (come quello estivo stagionale), il freddo, il vento, l'umidità, il fuoco (calore eccessivo) e la secchezza.

Questi agenti esterni penetrano nel corpo attraverso la pelle e i polmoni.

Il vento può essere vento-freddo o vento-caldo.

L'umidità può essere umidità-calore o umidità-fredda.

Anche la secchezza può essere da freddo o da caldo.

E così via.

Queste osservazioni sono importanti poiché si deve conoscere e poter capire bene la natura del patogeno, che sia interno od esterno, che potrebbe essere più tendente allo yin o allo yang, per una migliore diagnosi che sia efficace in caso di terapia e, nel nostro caso, a preparare il cibo adatto alla guarigione.

Tutti questi patogeni, detti esterni, possono anche prodursi internamente al corpo e poi manifestarsi all'esterno.

L'origine del patogeno può essere, dunque, interna o esterna, e può nascere da dentro o arrivare da fuori.

Vediamo meglio: oltre alle cause esterne, esistono anche la cause interne, ovvero quelle che richiamano alle emozioni, alla vita psichica dell'individuo, al suo shen; anch'esse possono nascere da dentro o arrivare da fuori.

Sarà per voi adesso facilmente intuibile che se le cause sono interne, colpiscono lo shen, ed ad essere compromesso, come prima cosa, sarà il Qi-energia, e con lui il cuore che produce il sangue-xue, che, insieme al Qi, veicola lo shen.

Compromesso, potrà essere anche il fegato, che conserva e tesaurizza il sangue-xue e ne controlla il volume di distribuzione nei vasi, i quali conducono poi ad ogni periferia del corpo per irrorarla, di essenze e di shen.

Con un Qi in eccesso a seguire sarà la fatica, e con un Qi consumato a seguire anche sarà la fatica. Quando subentra la fatica, e quindi si presenta un deficit di Qi, l'energia non scorre bene e genera problemi di flusso energetico, con la conseguente stagnazione e l'insorgere della malattia.

Se questi eccessi e deficit sono frequenti, si provoca lo stress nella persona, e quindi un'alterazione generale di ogni processo naturale ciclico delle forze e dei movimenti.

Quando il Qi non circola bene, comporta una stagnazione dello stesso in qualche luogo e dà origine alla malattia.

Le emozioni secondo i cinesi sono cinque: euforia, collera, pensiero, tristezza, paura.

Ad ognuna di queste emozioni, abbiamo la tabella precedente a cui fare riferimento, in modo che possiate divertirvi a guardare tutte gli abbinamenti corrispondenti, emozione-organo, emozione-stagione, emozione-colore etc.

Sappiate che con la collera, si produce una spinta dello yang, e quindi il Qi sale verso l'alto.

Con l'euforia il Qi si sprigiona, e quindi lo shen si disperde.

Con il troppo pensiero il Qi si attorciglia su sé stesso, e creando ostruzione produce stagnazione perché si blocca.

Con la tristezza il Qi viene dissipato e viene consumato.

Con la paura si produce una spinta dello yang verso il basso, quindi contro tendenza, e il qi discende causando una perdita di shen, quindi di esaurimento dello yin.

Esistono anche cause che non sono interne e non sono esterne, ovvero la costituzione o le abitudini di tutti i giorni.

Vi ricordate del jing? (vedere sopra), ecco, le cause non interne e non esterne dipendono dal jing, ovvero dalle essenze di cui siamo conservatori e portatori.

Capire di che essenze siamo costituiti aiuta immediatamente a farsi un'idea sulle possibili malattie che possono insorgere, ancora prima che queste si manifestino.

Avere l'occhio clinico, cioè, secondo la medicina tradizionale cinese, significa essere capaci di raccogliere tutte quelle informazioni che riguardano la persona, per intuire subito quali tendenze ella possa sviluppare.

Esistono soggetti di natura più debole, più forte, con forti attitudini yang o yin, con i capelli di un colore o di un altro, con una pelle chiara e sensibile o una pelle più scura e resistente, alti, bassi, flaccidi, tonici, e così via.

Le cause, come sappiamo, possono essere interne, esterne o dovute al jing posseduto.

Il patogeno sarà lo stesso dunque, ma chi viene attaccato dal patogeno è differente l'uno dall'altro, e questo causa l'insorgenza eventuale della malattia in modo totalmente differente.

Anche le abitudini di una persona sono importanti: cosa mangia, dove vive, che persone frequenta. Che lavoro fa, le attività che svolge quotidianamente.

Tutti questi dettagli determinano un innalzamento o un abbassamento del Qi di ogni giorno.

Chi non fa attività fisica o si ciba in modo scoordinato e confuso, chi ha una costituzione più difficile che tende ad ingrassare, ad esempio, costituisce un quadro clinico di cui eventualmente si dovrà tenere conto, per meglio intuire quali siano le terapie più adatte a ricentrarlo e riportarlo in salute.

Anche l'eccesso di movimento non fa bene, consuma il Qi, come il troppo lavoro, il troppo studio.

La parola d'ordine è dunque "ricentrare" l'individuo, evitando l'eccesso o il deficit energetico.

Per ciò che concerne l'alimentazione, che è l'argomento che più ci interessa, ricordiamo che l'eccesso alimentare può "stancare" lo stomaco, la milza, e se l'energia non circola bene nei meridiani di stomaco e milza, verrà generato un blocco energetico, una stagnazione, che, a sua volta, conduce al surriscaldamento, quindi ad un innalzamento dello yang, il quale, bruciando i liquidi, porta alle infiammazioni, come ad esempio lo è la gastrite.

L'alimentazione confusa e non ordinata, mangiare male, in fretta, ad orari sempre diversi, compromette il fegato e il suo Qi, il quale si riverserà su stomaco e milza per il ciclo di contro generazione che abbiamo visto più sopra.

Se si mangiano troppi cibi crudi, questi andranno ad intaccare lo yin, poiché avranno bisogno di consumare più yang per essere digeriti, e il deficit di yang, con un eccesso di yin, provoca anch'esso un blocco energetico, portando a stati di calore eccessivo, in mancanza proprio di quello yin che rinfresca il corpo.

Se mangiamo sempre le stesse cose, ad esempio troppo cibo piccante ogni giorno, andremo a generare malattia, poiché ad essere coinvolti saranno sempre gli stessi organi, a scapito degli altri, poiché troppo sollecitati.

Il cibo inquinato, infine, compromette irreversibilmente il jing, la vostra essenza, che non può essere facilmente riprodotta, ma solo conservata e di cui si deve avere grande rispetto.

CAPITOLO VIII
OSSERVARE ED OSSERVARSI

Alla luce di tutti questi dati di cui vi abbiamo fornito, procediamo adesso con l'imparare come e cosa osservare del nostro corpo, al fine di poter meglio comprendere quali le carenze, quali le tendenze, che compongono il quadro clinico della persona, e poter, infine, così procedere con la terapia adatta, prima su tutte: l'alimentazione.

Il cibo resta infatti la prima medicina, la più nobile, il nutrimento/veleno per eccellenza, che, come abbiamo visto, è considerato dai cinesi nella sua totalità, dove tutto può fare bene e tutto può fare male, dipende però da come lo usiamo, quanto ne usiamo e su chi lo usiamo.

La medicina cinese si basa principalmente su quattro elementi principali di osservazione del potenziale paziente:

1) osservare

2) ascoltare ed odorare

3) chiedere

4) palpare

Osservare, significa guardare, vedere, cercare di capire l'immagine della persona che abbiamo di fronte, significa utilizzare la vista, studiare l'aspetto della persona, il colore della sua pelle, la qualità dei suoi capelli e delle sue unghie, la sua ossatura. I medici cinesi più esperti sanno anche osservare l'iride, l'orecchio e la lingua. Ma per ora ci limiteremo al primo più elementare approccio. Potrete prendere carta e penna, scegliere una persona che vorrete osservare e buttare giù, in lista, tutti gli elementi da voi individuati.

Ascoltare e Odorare, significa annusare, cercare l'odore sottile particolare ad ogni persona, il suo alito, l'eventuale sudorazione, o la perdita di secrezioni particolari, come quelle vaginali, ma anche significa udire la sua voce, il timbro, il tono.

Chiedere, significa trovare esattamente le domande adatte, che ci aiutino a far capire meglio lo stato del paziente, e raccogliere quelle risposte che possano guidarci verso un'analisi completa, che possa tornarci utile.

Possiamo, ad esempio, chiedere delle sue abitudini, che lavoro svolge, se si sente spesso stanco, se dorme bene o dorme male, se si arrabbia, o piange, se è triste e perché, cosa mangia e quale sia il suo cibo preferito.

Palpare, ovvero toccare, per capire la temperatura corporea e altri sottili dettagli, come la consistenza della pelle, ma anche la reazione del paziente, se questo è teso o rilassato, dove ha più dolore, e così via.

La pelle:

Osservando, si può fare una prima anamnesi dello shen della persona; il suo colore della pelle, l'intensità dello sguardo.

Procedendo, avrete questa tabella a cui fare riferimento, che potrete incrociare a quella precedente da noi fornita:

Bianco: Un incarnato più bianco e pallido ci suggerisce che la persona è di qualità "metallo", e, quindi, che a parlarci sia il suo meridiano di polmone, che potrebbe essere compromesso. Potrebbe essere una pelle bianca e umida, in tal caso si ha un vuoto di Yang, e quindi il polmone è freddo. Se invece la persona risulta molto pallida, si ha un vuoto di energia, cioè di Qi.

Rosso: Un incarnato più tendente al rosso suggerisce il coinvolgimento del meridiano di cuore, e che la persona è persona di fuoco. Se sarà molto rosso, si avrà troppo fuoco, se invece sarà un rosso individuato solo su alcuni punti del corpo, significa che in quella determinate zona si verifica un vuoto di Yin.

Giallo: la persona gialla è persona di terra. Coinvolti sono lo stomaco, la milza e il pancreas. Se il giallo è brillante, siamo davanti ad un eccesso di calore e di umidità del corpo; se, invece, il giallo è giallo spento, significa che la milza non gira bene ed è in vuoto di Qi.

Nero: un colorito spento e scuro, suggerisce che il paziente può avere il meridiano di rene compromesso, ed è definito persona acqua. Le occhiaie, ad esempio, sono un sintomo di vuoto di rene. Zone del corpo violacee suggeriscono un sangue-xue che non circola, quindi una stagnazione di sangue e una mancanza di qi-energia e lo shen compromesso. Se il colore scuro tende al marrone, significa che il corpo sta consumando gli jinye, i fluidi ed eventualmente anche il jing.

Verde-Blu: In questo caso, di fronte ad un colore verdastro o bluastro, è il fegato a parlare, e la persona è detta di tipologia legno. In medicina cinese si dice che è affetta da vento interno.

Tutte queste indicazioni, servono per orientarsi non solo nel colore della pelle, ma anche quello degli occhi e delle labbra. Quindi tenete bene a mente questo schema, vi tornerà molto utile.

I liquidi:

Ascoltare ed odorare una persona ci porterà a fare attenzione sull'elemento liquido che è presente in eccesso o in deficit, nel paziente.

Una persona assetata, oppure che sente la bocca spesso arsa, ma senza avere sete, se suda molto, poco, se il suo sudore emana odore e quale tipo di odore, ci parlerà senza dirlo direttamente, del suo stato energetico.

Ad ogni modo, se la sudorazione è eccesiva significa che il corpo sta eliminando yin, a scapito dello yang, che dovrebbe trattenere il liquido corporeo ed invece, uscendo questo in abbondanza e rapidamente dal corpo, compromette il meridiano di polmone, che aiuta a regolare l'umidificazione, svuotandolo della sua energia.

Questo, in eccesso, comprometterà poi anche il rene. Ricordate? Il metallo genera acqua, quindi il polmone scarica sul rene.

La digestione:

Se il Qi-energia non circola, ad essere compromesso è tutto il meridiano del triplice riscaldatore (quello responsabile del metabolismo) ed, in particolare, quel mediano che coinvolge a sua volta i meridiani di fegato, stomaco e milza-pancreas.

Quando ciò accade, si ripercuote anche sulla funzione intestinale, le feci potrebbero non essere ottimali, ad esempio più liquide del solito o senza forma.

Troppo calore, che accelera il fuoco, crea inappetenza, e l'inappetenza può essere accompagnata da gastriti, che a lungo andare potrebbero trasformarsi in ulcere.

Per un buon funzionamento delle funzioni digestive, e quindi di uno stomaco che funzioni in modo ottimale, lo yang deve scendere verso il basso, non salire, poiché in questo caso avranno origine reflussi o anche il semplice singhiozzo, sinonimo di cattiva digestione.

Dedichiamo a questa parte osservazioni più particolari, e cercate di memorizzare questa tabella come segue:

Bocca impastata: sinonimo di umidità e flegma.

Bocca amara: fuoco nel fegato, nella cistifellea o nel cuore.

Inappetenza: vuoto di Qi-energia della milza e conseguente formazione di umidità.

Fame continua: poco yin nello stomaco, e quindi troppo yang.

Digestione pigra: umidità e vuoto energetico della milza.

Gastrite: fuoco nello stomaco.

Nausea: Qi controcorrente, invece di scendere, sale.

Vomito dopo i pasti: acidità, e quindi ristagno

energetico nello stomaco, che il corpo tende ad eliminare attraverso l'espulsione del cibo, generando calore.

Vomito frequente anche senza aver mangiato: vuoto generale.

Nausea frequente: flegma (quindi Qi lento).

Feci dure e asciutte: calore in eccesso.

Feci secche: vuoto di sangue-xue, yin in deficit, e quindi jinye in esaurimento.

Feci senza forma: freddo, milza compromessa, vuoto di yang, poco Qi, può compromettere anche il meridiano di rene.

Feci liquide tipo diarrea e di cattivo odore: umidità e calore. Anche qui il meridiano di milza risulta essere compromesso.

Feci di cibo non digerito: poca Qi-energia in milza e rene.

Feci molto scure: molto calore.

Feci troppo chiare: umidità.

Feci molli e poi dure o viceversa: il qi del fegato è bloccato.

Stipsi: poco Qi.

Urine troppo abbondanti: freddo.

Urine scarse: calore.

Incontinenza: poco Qi, freddo, poco yang di rene.

Bruciore all'urinazione: calore.

Nicturia: vuoto di yang di rene.

Poco desiderio sessuale: lo yang viene a mancare e il Qi non circola.

Troppo desiderio sessuale: lo yang esaurisce lo yin e lo yin viene a mancare generando troppo fuoco, quindi eccesso.

Impotenza: assenza di yang.

Sterilità: il Jing è in esaurimento e si produce

freddo energetico.

La qualità del sonno:

Dormire in modo corretto, accompagnato ad un sana e consapevole alimentazione, è uno di quegli aspetti imprescindibili per poter mantenere il livello di buona salute del corpo e della mente.

Significa seguire e rispettare i ritmi, di giorno e notte, di luce e buio, del caldo e del freddo stagionale.

Se capita che ci si svegli spesso durante la notte, significa che il Qi della milza e il sangue-xue del cuore sono stati compromessi, e quindi vanno in vuoto.

Se quando ci si corica, non si riesce a prendere subito sonno ma ci vuole qualche ora prima di addormentarsi, oppure si dorme male e in modo agitato, significa che il cuore ed il rene hanno interrotto il loro dialogo e lo yang va in eccesso, provocando un deficit di yin, dove si produce il distacco e la mancata circolazione del Qi, lo yang va solo verso l'alto, lo yin scende sempre più in basso.

Se ci si sveglia dopo poche ore, e quindi si hanno sonni brevi, significa che il fuoco divampa, e il calore nel sangue-xue è troppo, compromettendo cuore, fegato, cistifellea e stomaco.

Soffrire di insonnia, significa che il Qi non circola, si verifica un pieno totale nei meridiani, che bloccando il Qi, generano troppo calore e il corpo non riesce a far refluire il sangue verso il fegato, con la conseguenza che non ci si riesce mai ad addormentare.

Il sonno, quindi, è strettamente legato al sangue e alla sua circolazione, quindi allo shen che in esso scorre ed è contenuto.

CAPITOLO IX

L'APPARATO DIGERENTE

Come funziona dunque la digestione secondo la medicina tradizionale cinese?

Ammesso che stiamo per affrontare la centralità di quelle che sono le caratteristiche vitali della fisiologia umana, poiché l'uomo senza cibo e senza acqua non può sopravvivere, si comprenderà bene che mangiando bene e idratarsi in modo corretto, fa sì che le nostre abitudini raggiungano quell'equilibrio necessario per poter affrontare la vita di tutti i giorni in totale armonia con noi stessi.

A questo, va sicuramente aggiunta una sana respirazione, e quindi un corretto esercizio fisico.

Ad essere coinvolti nel processo digestivo, sono innanzitutto i meridiani di stomaco e milza-pancreas.

Come abbiamo imparato, essi fanno parte del Triplice Riscaldatore Medio, quello situato al centro, il sistema a cui è imputato il corretto funzionamento del metabolismo.

La milza-pancreas e lo stomaco, che cosa fanno?

Essi sono responsabili della ricezione del cibo e della loro trasformazione, e la loro trasformazione produce il sangue-xue, quindi anche un corretto trasporto dello shen-emozioni, oltre che delle sostanze jinye vitali.

Essendo coinvolto il triplice riscaldatore, quindi il metabolismo, ed essendo questo padrone dei liquidi, intuiamo anche che lo jinye (cioè I fluidi corporei) è qui che viene prodotto, e che da qui viene distribuito.

Perché oltre al sangue-xue, come anche abbiamo già visto, lo jinye comprende anche tutti gli altri liquidi corporei, come ad esempio il sudore o la saliva e i succhi gastrici.

Lo stomaco riceve e trasforma il cibo in liquidi preziosi, mentre la milza-pancreas, nella fattispecie, li trasforma ulteriormente, dividendoli e separandoli per distribuirli a tutte le altre parti del corpo.

Se, per funzionare, lo stomaco ha bisogno di uno yang del Qi che scenda verso il basso (capirete bene che se anche lo yang di solito tende a salire, il suo movimento di discesa durante la digestione è fondamentale, poiché uno stomaco che non riceve energia non può lavorare e comunque il Qi circola, da yang a yin e viceversa, lo yang va sempre verso lo yin e lo yin va sempre verso lo yang), la milza, al contrario, si occupa di far salire lo yin, e quindi mette in moto il sangue-xue.

Sono altresì coinvolti in questo processo l'intestino tenue e quello crasso, dove il primo perfeziona il lavoro della milza, con una ulteriore trasformazione e una ulteriore divisione, del cattivo dal buono, dove il cattivo verrà espulso e il buono mantenuto per il nutrimento del corpo, mentre il secondo farà un ultimo controllo, e se ci sono elementi ancora buoni da conservare li conserverà, eliminando definitivamente la parte sporca.

In tutto questo, il fegato gioca il ruolo di generale dell'esercito, e quindi grazie al Qi che lui domina gestendo l'energia nel suo complesso, sarà responsabile del corretto scorrere di tutti questi processi.

Quando il fegato funziona bene, la bile che produce verrà secreta in quantità ottimali, in caso contrario potrebbe produrne troppa, generando bruciori, gastriti e infiammazioni di altro genere.

È molto importante, infine, ricordare anche la funzione dei meridiani di rene, poiché essendo loro il forziere del tesoro del corpo, sono proprio quegli organi che ricevono le essenze che ci permettono di vivere e le conservano, diciamo sotto chiave, quindi le proteggono.

Se il rene funziona bene, allora tutte le qualità delle funzioni saranno corrette.

Per concludere, ricordiamo che ogni altra tipologia patologica, anche non legata necessariamente e direttamente al tratto gastrointestinale, comunque coinvolge e andrà a compromettere, indirettamente, il corretto funzionamento del corpo e la circolazione corretta dell'energia.

Non esiste un fenomeno fisiologico o psichico, dunque, che non coinvolga l'altro, e non esiste una buona o cattiva digestione che non coinvolga gli altri processi fisiologici.

Perciò, partire dall'alimentazione resta comunque importante per poter, quantomeno, principiare un percorso di buone abitudini, quelle abitudini fondamentali alla nostra quotidianità, al nostro star bene e al sano vivere.

Ogni malattia può essere affrontata cominciando subito da una corretta alimentazione, e quindi andando a correggere quegli errori o quegli squilibri che potrebbero peggiorare il nostro stato di salute, o nel caso sia già buono, comprometterlo.

Per migliorarlo, da qualunque stadio si cominci, la sana alimentazione, che segue i cicli energetici, si adatta alle stagioni, evita gli eccessi, riempie i vuoti e scarica i pieni, resta necessaria per avere piena coscienza del potere energetico che dentro il cibo è racchiuso, e per imparare a conoscere come funziona il ciclo energetico umano, per rispettarlo e vivere in armonia, con sé stessi e con ciò che ci circonda.

CAPITOLO X
COME ALIMENTARSI SECONDO LA MEDICINA TRADIZIONALE CINESE

Abbiamo imparato, nei capitoli precedenti, le basi della medicina tradizionale cinese e delle cinque fasi, che caratterizzano lo schema di controllo di causa ed effetto di tutti i processi che riguardano la natura nel suo insieme e in particolare il corpo umano.

Sappiamo anche che il cibo ha un effetto farmacodinamico sull'organismo, perciò, proprio come una medicina, influenza mente e corpo e, oltre ad influenzarlo, questo può essere utilizzato per curarsi e prevenire dalle malattie.

Seguire lo schema della pratica clinica sarà anche importante e, a proposito, potrete consultare il capitolo relativo all'osservazione del corpo per meglio comprendere in merito a cosa si debba agire e come.

Si deve ricordare e tenere bene a mente che in medicina tradizionale cinese non si può ragionare secondo gli stessi principi e paradigmi ai quali siamo soliti fare riferimento, ovvero quelli della scienza occidentale, ma più sottilmente cercare di comprendere come il medico cinese, o meglio la medicina cinese, guarda al mondo esterno ed interno.

Così come i cinque sapori non vanno intesi al modo abituale, e quindi "dolce", ad esempio, non significa che nella pietanza sia stato aggiunto zucchero, bensì si riferisce alla natura originale della materia prima consumata, così quando si parla di un organo, ad esempio il fegato, non ci si riferisce all'organo fisicamente, ma al suo potenziale energetico che scorre lungo il meridiano, e quindi al percorso energetico che corre lungo il corpo, di quel determinato organo o viscere.

La dietetica, per i cinesi e per la sua medicina

tradizionale, costituisce una parte essenziale della farmacopea.

Fin dall'antichità, i medici di corte presso l'Imperatore erano coloro che comprendevano della malattia ancora prima che essa potesse manifestarsi, osservando i processi fisiologici del corpo del reale, il colorito della pelle, le feci, le urine, e così via.

Per meglio comprendere come approcciarsi, si deve aver ben chiaro come funzioni lo Yin e lo Yang, da cui tutto dipende e su cui ci siamo a lungo soffermati.

Innanzitutto, per poter catalogare il cibo, si deve partire dall'osservare e determinare le caratteristiche dell'ambiente in cui la materia prima di quel cibo cresce e si sviluppa. La latitudine, il microclima, insomma anche le stagioni in cui sono più presenti alcuni cibi anziché altri, determinano la loro carica yin, oppure yang. La carne, che deriva dal mondo animale, è sicuramente yang rispetto al vegetale yin. Il pollame, o i volatili in genere saranno più yang rispetto al pesce che è yin.

Osserviamo le piante: esiste una parte emersa, come lo stelo o le foglie, rispetto alla parte nascosta, come la radice. Ecco, la radice è yin rispetto alla foglia yang. La patata, che è un tubero, sarà ancora più yin della radice, che di solito sta sottoterra, ma più vicina alla superficie.

Altri parametri utili per determinare se un cibo sia più yang rispetto ad un altro yin, sono il colore e il sapore: un cibo rosso, come il peperoncino piccante, sarà più yang rispetto alla bietola yin, che è fresca, verde, dolciastra. La carne rossa è yang rispetto a quella bianca più yin.

Anche la forma della materia prima del cibo ci parla. Il suo aspetto esteriore è una determinante importante e spesso suggerisce proprio l'organo, o meglio meridiano, su cui agisce maggiormente: il fagiolo ha una forma simile ai reni. La noce ha la forma del cervello. Il cavolfiore dei bronchi polmonari, e così via.

Molto importante anche la consistenza del cibo, cioè la percezione che ne abbiamo quando lo si porta in bocca. Se un determinato alimento è viscido, stopposo e ligneo, oppure fibroso, carnoso etc... se fibroso aiuta il cuore, se ligneo il fegato, se croccante aiuta la milza, se molto ricchi in acqua...avrete sicuramente già capito, il rene.

Torniamo per un momento sui sapori: come abbiamo detto, il sapore di una materia prima va a stimolare proprio il meridiano di riferimento. Ci raccomandiamo, a questo proposito, di seguire la tabella sotto, poiché un conto è la percezione del sapore di quel cibo, che è soggettiva a ciascuno di noi, l'altra invece il suo potenziale energetico che va sprigionandosi, e che segue delle regole che vedrete meglio dopo.

Anche ogni organo, e quindi meridiano, ha una

sua caratteristica, la quale caratteristica può essere enfatizzata, potenziata, stimolata, da uno o l'altro alimento.

A questo proposito, possiamo ben intuire che se assumiamo un cibo che tende ad esaltare la caratteristica di un meridiano particolare (ad esempio un cibo aspro, che è associato al meridiano di fegato), allora sarà facile dedurre che se quell'alimento lo andiamo ad assumere in eccesso, anche la caratteristica del meridiano verrà esasperata, eventualmente il suo equilibrio verrà alterato e andrà a compromettere il ciclo dei cinque movimenti.

Dicono i testi più famosi di medicina tradizionale cinese che gli alimenti troppo salati rallentano la circolazione del sangue, alterano il colorito della pelle; gli alimenti troppo amari inaridiscono la pelle e provocano la caduta dei peli. Gli alimenti troppo piccanti contraggono i muscoli e seccano le unghie; gli alimenti troppo acidi fanno ritrarre la carne e rovesciare le labbra; gli alimenti troppo dolci indolenziscono le ossa e fanno cadere i capelli.

Se il cibo, secondo la medicina tradizionale cinese, è considerato un farmaco, è anche vero che lo stesso cibo può divenire tossico, e quindi un veleno.

È tossico, ad esempio, un sapore troppo eccessivo, come proprio può esserlo un alimento troppo dolce, e quindi, con aggiunta di zucchero, o troppo salato, quindi con aggiunta di molto sale. In questi casi, il cibo è considerato tossico, un veleno, cioè estremamente eccessivo dal punto di vista energetico.

È anche vero che nel caso di un "cibo velenoso", ciò non significhi che possa necessariamente far male, può anche darsi che Invece faccia bene e quindi sia utile.

Tutto può far bene, ma tutto può far male.

È altresì un cibo troppo salato la carne secca, il

prosciutto, o gli alimenti conservati appositamente sotto sale, che andrebbero lavati via dal sale prima di essere consumati. Molto, estremamente amaro, è il caffè; piccante in eccesso è considerato l'alcol. Molto acido, in eccesso, è l'aceto.

Il cibo può, dunque, una volta assunto, essere : riscaldante, rinfrescante, intiepidente, raffreddante.

Esiste un cibo che fa salire l'energia e quindi spinge lo yin, e un cibo che spinge verso il basso lo yang. Esistono alimenti che spingono verso l'interno e altri verso l'esterno (ad esempio che favoriscono la sudorazione).

Nei capitoli precedenti, abbiamo dato molta attenzione allo *jing*, l'essenza, il fluido essenziale, come il midollo o lo sperma.

Il jing, infatti, è strettamente legato allo sviluppo del corpo, e in particolare quello sessuale, e quindi alla gravidanza e alla riproduzione.

Il jing entra in azione anche quando una sostanza essenziale viene a mancare nel corpo, sostituendola ma consumando la sua riserva che è limitata, non illimitata. Sono ricchi di jing i semi, i germogli, le bucce, la frutta secca, i cibi appena colti, l'uovo, il pesce fresco, le gemme.

Le cotture dei cibi sono anche essenziali, poiché la trasformazione della materia prima determina un suo mutamento che può spingere verso lo yang o lo yin.

Le cotture come la frittura, l'arrosto, l'affumicamento, la tostatura, e quindi che usano temperature molto alte, sono cotture dette calde.

Sono le cotture neutre sempre preferibili, come quelle al vapore, a bagnomaria, la bollitura con l'utilizzo della pentola a pressione, quindi che utilizzano l'acqua per cuocere invece del fuoco e che, oltre a conservare le sostanze essenziali dei cibi, ne mantengono anche la loro idratazione.

Il cibo crudo è molto freddo. Non sempre va bene.

Le cotture lente, come lo stufato, esauriscono le essenze dei cibi, e quindi consumano, una volta assunti, il jing.

Cuocere al vapore è sempre preferibile. Non riscalda, non rinfresca, non altera.

È perfettamente equilibrato.

Anche le conservazioni dei cibi sono importanti.

Il cibo surgelato rende la materia più fredda, rispetto al cibo assunto fresco e, quindi, al suo stato naturale, cioè appena colto o pescato, come nel caso del pesce. La salatura può tonificare lo yin, cioè aiutarlo, ma può anche essere eccessivo ed esaurire lo yin, con uno yang che tenderà a divampare.

Il cibo sotto spirito può far male al fegato, così come i sottaceti, che con l'acidità compromettono anche lo stomaco.

Il sottolio è considerato invece neutro.

L'affumicatura è yang, quindi considerati tossici.

I cibi secchi, come quelli disidratati, aumentano il calore del corpo e prosciugano l'acqua, quindi lo yin.

www.ingramcontent.com/pod-product-compliance
Lightning Source LLC
Chambersburg PA
CBHW072206100526
44589CB00015B/2397